Melanchthon
klug & weise

Melanchthon
klug & weise

Seine besten Zitate

herausgegeben von Uwe Birnstein
mit Illustrationen von Christiane Knorr

EVANGELISCHE VERLAGSANSTALT
Leipzig

Zum Herausgeber: Der evangelische Theologe Uwe Birnstein (geb. 1962) arbeitet als Journalist und Publizist für Print, Hörfunk und Fernsehen. Er hat mehrere Bücher veröffentlicht, u. a. die Biografie »Der Humanist – Was Philipp Melanchthon Europa lehrte« (Wichern-Verlag Berlin 2010). www.birnstein.de

Die Deutsche Bibliothek – Bibliografische Information
Die Deutsche Bibliothek verzeichnet diese Publikation in der Deutschen Nationalbibliographie; detaillierte bibliografische Daten sind im Internet über http://dnb.ddb.de abrufbar.

© 2010 by Evangelische Verlagsanstalt GmbH, Leipzig
Printed in Germany · H 7346
Alle Rechte vorbehalten
Cover: Ulrike Vetter, Leipzig
unter Verwendung einer Illustration von Grit Zielinski, Hamburg
Satz: Ulrike Vetter, Leipzig
Druck und Binden: GGP Media GmbH, Pößneck

ISBN 978-3-374-02753-8
www.eva-leipzig.de

INHALT

Glaube und Kirche	7
Schule und Bildung	24
Gott und die Welt	35
Weisheit und Trost	40

Keines Menschen Beginnen führt jemals zum Ziel und Erfolg, wenn nicht Gott seinen Rat gibt und auch dabei hilft. So wird ein Werk, das den Völkern und dir nützlich ist, gelingen, und ein günstiger Wind wird auf der Reise dir wehen.

GLAUBE UND KIRCHE

Christus zu erkennen bedeutet, seine Wohltaten zu erkennen.

Ohne jeden Zweifel existiert ein Schöpfergeist, der weise, gut, wahrhaftig, gerecht, wohltätig, rein und völlig frei ist und alle Taten des Menschen erkennt und beurteilt.

Das christliche Herz wird durch die Lehrmeisterin Erfahrung leicht lernen, dass Christentum nichts anderes ist als ein solches Leben, das der Barmherzigkeit Gottes gewiss sein kann.

Es kommt nicht wirklich darauf an, einer historischen Begebenheit über Christus zu glauben – das glauben auch die Gottlosen –, sondern zu glauben, warum er Fleisch annahm, warum er gekreuzigt wurde, warum er nach dem Tode ins Leben einging, nämlich darum, um alle zu rechtfertigen, die an ihn glauben wollen.

Wer Christus hat, hat alles und kann alles.

Wir mögen in ehrlichem Seufzen zu Gott beten, er möge immer in unseren Herzen wohnen und in dieser Behausung unser Herz, Geist, Sinn, Hirn und alle unsere Kräfte mit seinem Licht und seinem Geist leiten, damit wir die Wahrheit lehren und tun, was für uns und für die ganze Kirche heilsam ist.

Nichts ist so zart und wird leichter getrübt als die Verehrung Gottes im Herzen der Menschen. Und es gibt kein größeres Übel und keinen empfindlicheren Schmerz, als wenn diese Verehrung erschüttert wird.

Eine gewisse Freiheit in äußeren Werken gibt es, wie du selbst die Erfahrung machst, dass es in deiner Macht steht, einen Menschen zu grüßen oder nicht zu grüßen. Dagegen sind die innersten Herzensregungen nicht in unserer Gewalt. Denn durch Erfahrung und Gewohnheit erleben wir, dass der Wille nicht aus eigenem Antrieb Liebe, Hass oder Ähnliches ablegen kann.

Mit Blick auf Gott gilt: Kein einziges unserer Werke, mögen sie noch so gut erscheinen oder sein, bringt uns Gerechtigkeit vor Gott, sondern allein der Glaube an die Barmherzigkeit und Gnade Gottes in Jesus Christus ist die Gerechtigkeit.

Was ist mit den Werken, die der Rechtfertigung vorangehen? Sie sind alle die verdammten Früchte eines verdammten Baumes, wie sehr sie auch als schöne Tugenden scheinen. Sogar die Werke, die nach der Rechtfertigung folgen, sind doch letztlich unrein, weil sie noch im unreinen Fleisch vollbracht werden.

Nun ist es üblich, vom Glauben zu tönen, doch kann man nur verstehen, was der Glaube ist, wenn die Buße gepredigt wird. Die Pastoren sollen wie Christus Buße und Vergebung der Sünden predigen.

Indem wir die Blicke auf die Quellen lenken, beginnen wir auch Christus zu verstehen, sein Gebot wird uns zur Leuchte, und uns durchströmt der beglückende Nektar göttlicher Weisheit.

Der Glaube ist nichts anderes als das Vertrauen auf die göttliche Barmherzigkeit, die uns in Christus verheißen ist und sogar in diesem und jenem Zeichen. Dieses Vertrauen auf die Zuneigung oder Barmherzigkeit Gottes bringt zuerst Frieden in das Herz und entzündet es nachher, gleichsam um Gott zu danken für die Barmherzigkeit, damit wir das Gesetz spontan und fröhlich tun.

Wenn wir nicht glauben, so haben wir
in unserem Herzen kein Gespür für die
Barmherzigkeit Gottes.

Heilige sind gelehrig und geben nach, wenn
einer das Richtige sagt.

Der Glaube ist das Licht, durch das Gott
wahrhaftig lebendig macht.

Nur der hat einen echten Glauben, der über die Drohungen hinaus auch dem Evangelium glaubt, der seinen Blick auf die Barmherzigkeit Gottes oder auf Christus heftet, das Faustpfand der göttlichen Barmherzigkeit.

Wir sollten vor Liebe zu Gott und vor Vertrauen zu ihm glühen sowie in Gottesfurcht erzittern, wie es durch das erste Gebot verlangt wird.

Zu Speyer steht eine Säule mit einer Maria, die so groß ist wie diese Säule. Man sagt, es sei die Maria, die dem heiligen Bernhard geantwortet hat, als er sie grüßte mit »Salve Regina«. Sie antwortete: »Salve, Bernharde!« Als aber dieser merkte, dass der Teufel aus der Säule sprach, sagte er: »Ich verbiete, dass das Weib rede in der Gemeinde!«

Ich habe selbst »Automaten« gesehen, das heißt
Säulen, die sich bewegten. Aber in Wirklichkeit
bewegten sie sich nicht von selbst. Da stand ein
Mönch hinter der Säule und hat gezogen, wenn
die Leute kamen und etwas von Maria erbaten.
Dann hat sie ihr Haupt den Leuten entweder
zu- oder abgewendet. Wenn sie sich abwandte,
gaben die Leute mehr Geld, bis sie sich wieder
zuwandte. Und daraus schloss man dann, dass
Maria erhöre.

Allmächtiger Vater! Du regierst alle deine
Geschöpfe und hältst sie in deinen Händen.
Du erhältst die Vögel der Luft und gibst ihnen
Nahrung. Durch deine Fürsorge werden auch die
Fische im Wasser ernährt. Alle Tiere der Erde,
alle wilden, leben und wandern durch dich an
ihrem Ort. Zum Frühlingsbeginn kriecht die
Schlange aus ihrem Loch, die sich den Winter
über unter der Erde erhalten hat. Was soll ich
die Würmer, die kleinen Tiere der Erde auf-
zählen – im Eisen, in Steinen, im Gras, im Leib,
im Kot?
Sieh, das Kindlein ruft dich beim Essen an und
lobt dich, Gott, mit seinem unmündigen Mund.
Du machst, dass dir gehört, wer von dir er-
schaffen wurde. Die von deiner gnädigen Hand
ernährt werden, denen wollest du ein gnädiger
Vater sein.

Es ist eine für das ganze Leben nützliche Regel, der allgemeinen Trübsal das treffliche Zeugnis der Güte Gottes entgegenzusetzen, dass er sich nämlich von seinem verborgenen Sitz aufgemacht und sich der Menschheit offenbart hat, dass er mit eigener Stimme die Verheißung der Versöhnung und des ewigen Lebens überbracht und seinen Sohn gesandt hat, auf dass dieser der Versöhner sei.

Man kann dem reinen Sinn der Lehre nicht ohne Lektüre und das Gespräch unter Gebildeten nachsinnen.

Der Teufel entfacht und steigert durch seine Einflüsterungen die bösen Gefühlsregungen und tilgt sogar das rechte Urteil im Herzen; die Herzen aber bringen vergiftete Lebensgeister hervor, die ihrerseits das Hirn und die übrigen Teile anstecken, wie es bei wütenden wilden Tieren geschieht. Diese gewaltigen Übelstände muss man ins Auge fassen und die größte Sorgfalt anwenden, dass die Gesundheit des Herzens möglichst wieder hergestellt und erhalten wird.

Jeder soll wissen, dass er kein Christ ist, wenn sein Herz Gottes Gericht nicht ernstlich fürchtet und Gott in allen Lagen vertraut, sondern auf Besitz, Macht und Menge pocht.

Die Menschennatur ist nicht durch Zufall und ohne Plan aus Atomen entstanden, vielmehr treffen wir überall auf klare Zeugnisse, die beweisen: Es gibt einen Gott, er sorgt sich um uns, und das menschliche Herz ist dazu geschaffen, eine Behausung Gottes zu sein.

Nichts bin ich, Christus, und keine Tröstungen kenne ich Armer, außer dass du Menschennatur angenommen hast. Stütze und leite mich in meiner Gebrechlichkeit, Christus! Lass mich ein Zweiglein sein an deinem mächtigen Stamm!

Die Kirche ist in diesem Leben die Schar derer, die das Evangelium annehmen und die Sakramente recht gebrauchen. Hier ist der Sohn Gottes durch den Dienst am Evangelium wahrhaft wirksam und erneuert viele durch die Stimme des Evangeliums und den Heiligen Geist und macht sie zu Erben des ewigen Lebens. In dieser Schar sind viele Erwählte und andere, die nicht heilig sind, aber dennoch mit der wahren Lehre übereinstimmen.

Gott erweist seiner Kirche gewiss zu allen Zeiten viele wunderbare Wohltaten. Er befreit sie oft. Er schützt und bewahrt sie in Zeiten großen Unheils.

Die Kirche Gottes wird Bestand haben.

Wenn ich über das gemeinschaftliche Leben nachdenke und mir nachts zuweilen ein Diener mit einer leuchtenden Laterne vorangeht, dann kommt mir oft in den Sinn, dass die Gemeinwesen der Laterne gleichen, die himmlische Lehre aber dem Licht. Und wie die Laterne bei Dunkelheit ohne Licht nutzlos ist, so sind auch die festen Mauern der Städte unnütz, wenn die Erkenntnis Gottes und die Lehre von den guten Dingen erlischt. Man muss also zugestehen, dass die Kirchen und die Versammlungen nötig sind, die Gott dienen und die Lehre von seinem Willen überall ausstreuen.

Besonders in der Geschichte der Kirche geschieht es häufig, dass die Gerechten und Verdienstvollen von allen Seiten mit Verleumdungen bedrängt und dadurch schließlich überwältigt werden, wie ja der Sohn Gottes, Propheten, Apostel, der Heilige Stephanus und viele andere getötet worden sind.

Allmächtiger Heiliger Geist, du wahrhaftiger, reiner und lebendiger Tröster: Erleuchte, lenke und heilige mich! Stärke den Glauben in meiner Seele und in meinem Herzen! Lass in mir sicheren Trost wirksam werden! Stütze und leite mich, damit ich alle Tage meines Lebens im Hause des Herrn wohne, damit ich die Wonne des Herrn schaue und für immer ein heiliger Tempel Gottes bin und bleibe, Gott in aller Ewigkeit Dank sage und ihn in der unvergänglichen himmlischen Kirche und Versammlung rühme und lobe!

Es ist eine große Gnade Gottes, dass er die Kirche zu einer Wohnung des Heiligen Geistes bestimmt hat und durch diesen in uns wohnen will.

Ich habe die gemeinsame Lehre der (evangelischen) Gemeinden wiedergegeben, und ich bekenne, dabei Luther gefolgt zu sein, mit dem ich vieles freundschaftlich besprochen habe.

SCHULE UND BILDUNG

Es kann kein Zweifel bestehen, dass der Lebensform des Lehrens und Lernens das größte Wohlgefallen Gottes gilt.

Folgenden Unterschied hat die Natur zwischen Mensch und Tier gemacht: Die Tiere geben die Sorge für ihren Nachwuchs auf, sobald dieser herangewachsen ist. Dem Menschen machte sie zur Pflicht, dass er die von ihm in die Welt gesetzten Kinder nicht nur in frühster Kindheit ernährt, sondern dass er – sobald sie herangewachsen sind – ihre Gesinnung zur Sittlichkeit hin ausbildet.

Die Jugend in den Schulen vernachlässigen ist
genauso, als nähme man dem Jahr den Frühling
weg. Das tun die, die die Schulen verfallen lassen,
denn ohne sie kann die Religion nicht erhalten
werden. Und schreckliche Finsternisse werden
in der ganzen bürgerlichen Gesellschaft die
Folge sein, wenn man das Studium der Wissenschaften vernachlässigt.

Die Gefahr droht, dass die Wissenschaften in
den verhängnisvollen politischen Stürmen
Schiffbruch erleiden. Denn durch die Unwissen-
heit des Volkes veröden die Schulen. Einige
törichte Prediger entfremden es den Wissenschaften.

Was aber schafft dem ganzen Menschengeschlecht größeren Nutzen als die Wissenschaft? Keine Kunst, kein Handwerk, ja nicht einmal die Früchte selber, die durch die Erde hervorgebracht werden, auch nicht die Sonne, die viele für die Schöpferin des Lebens halten, ist nötiger als die Wissenschaft. Weil ohne Recht und Gesetz und ohne Religion weder staatliche Gemeinschaft aufrechterhalten noch Vereinigungen von Menschen zusammengeführt und regiert werden können, würde das Menschengeschlecht nach Art wilder Tiere umherstreifen, wenn die Wissenschaften untergehen.

Die Sitten der Völker würden notwendigerweise in Barbarei ausarten, wenn sie nicht durch die Wissenschaften und Frömmigkeit angetrieben und angeleitet werden.

Die Zungen soll man denen herausschneiden, die in ihren Predigten der unerfahrenen Jugend vom Studium abraten. Wir sehen doch, wie einst Religion ins Wanken geriet, als man der Barbarei Tür und Tor öffnete. Ich fürchte, es kommt wieder dahin, wenn wir nicht mit Händen und Füßen das Geschenk Gottes, die Wissenschaften, verteidigen.

Wie viel den Lehrern zu verdanken ist, macht die Überlegung deutlich, dass sie an die Stelle der Eltern treten und die Knaben mit der Liebe jener behandeln sollen. Niemand scheint mir übler dran zu sein als diese Klasse von Leuten, selbst nicht die Insassen eines Arbeitshauses. Der Lehrer trägt etwas vor, da beschleicht den Weichling der Schlaf, während sich der Lehrer müde spricht. Fragst du daher am nächsten Tag nach dem, was durchgenommen wurde, so ist es zu dem einen Ohr rein- und zum anderen hinausgegangen. Die Arbeit beginnt von vorne.

Vergleicht man alle Berufe des Lebens mit unserem, so wird die Summe der Übel nirgends so groß sein, ja, ich wage die Behauptung: Wir Lehrer sind von allen Sterblichen am übelsten dran, denn wir haben die härteste Arbeit, leben in kümmerlichen Verhältnissen und müssen uns noch mit Verachtung behandeln lassen, nicht nur von unseren Schülern, auch von ihren Eltern.

Wenn Gott uns durch die griechische Sprache Arithmetik, Musik, Kenntnis von den Himmelsbewegungen, vom Wesen der Dinge, von der Heilkunst, vom rechten Verhalten, von den Gesetzen, von den Pflichten eines Gemeinschaftswesens und von anderen schönen Künsten zukommen lässt, dann will er, dass wir in ihr auch nach der Lehre in seinen ewigen Gütern suchen, die er uns gleichzeitig mit diesen weltlichen mitteilen will.

Wenn wir gewisse Richtlinien des sprachlichen Ausdrucks nicht gründlich lernen, können wir weder unsere eigenen Gedanken darlegen noch die Schriften aus früherer Zeit verstehen.

Wahrheit zu erblicken ist der höchste Zweck, zu dem wir als Menschen geschaffen sind.

Wem es auf eine gottgefällige Lebensweise ankommt, der ziehe sich nicht in die Einsamkeit zurück, sondern er bleibe in der Gemeinschaft der Lernenden, er suche sich hier um die Menschheit verdient zu machen, er lehre andere, in dem Wissen, dass diese Tätigkeit der Erhaltung und Verbreitung der höchsten Güter nützt, er unterweise zweifelnde Gewissen, gebe Auskunft über Recht und Gesetz sowie alle anderen Pflichten des Lebens, er erforsche das

Wesen der Dinge, die Heilung von Krankheiten, die Gründe der Veränderungen in der Natur, die Bewegungen der Himmelskörper, er bereite die studierende Jugend auf die oberen Fakultäten vor, er erläutere geschichtliche Überlieferungen, er berichte schriftlich über wichtige Ereignisse, er mehre den Glanz der Künste und Wissenschaften.

Die Studien, die Verstand und Sitten bilden sollten, sind vernachlässigt, von umfassendem Wissen ist nichts vorhanden; was man Philosophie nennt, ist leerer, unfruchtbarer Trug, der nur Zank gebiert. Die wahre Weisheit, die vom Himmel kam, um der Menschen Sinne zu lenken, ist verbrannt.

Ich bin ganz und gar der Meinung, dass, wer in geistlichen oder weltlichen Dingen etwas unternehmen will, sehr wenig ausrichten wird, wenn er nicht zuvor seinen Geist in den humanen Wissenschaften reichlich geübt hat.

Zwei Begriffe sind es, auf die gleichsam als auf das Ziel das gesamte Leben auszurichten ist: Frömmigkeit und Bildung.

Welche Form der Rede stellt die Sitten, die Bestrebungen, die Beschaffenheiten des Geistes der Menschen auf wirksamere Weise dar, als es die Fabeln tun? Und dies mit so großem Reiz, dass durch keine anderen Dichtungen die Gemüter der Menschen eher bezaubert werden könnten, als es in der Ansicht der Fabeln liegt. Deshalb ermahne ich meine Zeitgenossen, sich von ganzem Herzen den Fabeln zuzuwenden. Fabeln ermutigen, erheitern und belehren jugendliche Gemüter auf das Glücklichste.

Kindisches schreibe ich, aber ich halte es für frommer als alle Disputationen und Spielereien der Pseudotheologen. Ich dagegen bin mir klar bewusst, niemals aus anderem Grund Theologie getrieben zu haben als in der Absicht, das Leben zu bessern. Jene mögen sehen, wohin sie kommen.

Es besteht kein Zweifel, dass die Entdecker manches bisher Unbekannten von Gott zu seiner Erforschung angetrieben worden sind. Wer hätte die Wirkungen so vieler Pflanzen und so vieler Heilmittel bemerkt, wer hätte die Vielfalt der Bewegungen am Himmel herausgefunden, wenn nicht Gott die Menschen bei ihren Bemühungen angetrieben und geleitet hätte? Was die Dichter von ihrer Kunst sagen, lässt sich mit Fug und Recht von der Erfindung und Weiterentwicklung aller wissenschaftlichen und künstlerischen Fächer sagen: »Dieses Streben enthält Samen göttlichen Geistes.«

Außerhalb der Universität ist kein Leben.

GOTT UND DIE WELT

Keine Aufgabe ist Gott so wohlgefällig wie die Erforschung und Verbreitung von Wahrheit und Gerechtigkeit.

Es ist keinem Menschen, weder Vater noch Mutter noch irgendeiner geistlichen oder weltlichen Obrigkeit, nicht dem Papst zu Rom noch dem Kaiser noch dem König, irgendeinem Menschen in seinem Glauben und in seinem Gewissen Gewalt anzutun.

Die Künste sind Werkzeuge und gewissermaßen Vorstufen jener gottgezeugten Weisheit; mit ihrer Hilfe kann der menschliche Geist die Wundermacht der Gottheit erfassen, die vom Himmel auf die Erde herabgesandt worden ist. Die göttliche Weisheit, die sich inmitten der Schar der Künste niederlässt und sich einem jeden von uns mitteilt, ist ein alle Dinge mit Sicherheit umfassendes Wissen.

Je besser der Zustand ist, in dem sich ein Staatswesen befindet, desto großzügiger verhält es sich gegenüber denen, die den Künsten und Wissenschaften nacheifern.

So viele traurige Anblicke von Bestrafungen, öffentliche Hinrichtungen, Krankheiten, Kriege, Hungersnot, Mord, Unglücksfälle unter den Nachkommen, Trennungen von Familien, Zwietracht im Staate und zahlreiche Betrübnisse im öffentlichen wie im privaten Leben stehen uns vor Augen als Mahnungen, dass wir die Richtschnur der Lebensführung, die nach Gottes Willen in den Gesetzen vorgegeben ist, lernen und befolgen.

Gott hat den menschlichen Verstand mit natürlichen Kenntnissen ausgestattet, um zwischen Gut und Böse, Recht und Unrecht zu unterscheiden, damit dieselben Kenntnisse Gottes Existenz bezeugen und auf Gottes Wesenheit hinweisen, damit sie uns an Gottes Richterspruch und die Strafe für Verbrechen gemahnen und ebenso, damit sie als Lenkerinnen des Lebens dienen.

Die Türken verwüsten Ungarn, und unsere Helden beraten darüber, was eine Maus frisst, die an einer konsekrierten Hostie knabbert – ob es der Leib des Herrn oder ein Stück Brot ist.

Der türkische König befahl einmal, ihm sollten die Kleidungen aller Völker aufgezeichnet werden. Als der Maler die Gewänder der meisten Völker dargestellt hatte, malte er schließlich einen nackten Menschen und dicht daneben verschiedene Farben. Später, als der Künstler vom König zur Auskunft über seine Zeichnung aufgefordert wurde und nachdem er die Übrigen erklärt hatte, sagte er: »Jener Nackte ist ein Deutscher, für den man keine bestimmte Kleidungsart zeichnen kann, weil er sich täglich eine neue ausdenkt.«

WEISHEIT UND TROST

Es gibt nur einen einzigen Lehrer, der überaus einfältig, aber auch überaus zuverlässig ist: den göttlichen Geist, der ganz nahe an der Schrift ist und sich ganz schlicht in ihr ausdrückt.

Keine Gewalt kann Gottes siegreiche Hand jemals hemmen.

Es gibt nichts Nützlicheres im Leben, als dem Bewusstsein eine gute und ehrenvolle Meinung von den Gesetzen einzupflanzen.

Nicht ist Glück den Menschen in diesem Leben
beständig, immer flieht es wie ein wesenloser
Traum. Gottes Barmherzigkeit aber ist den
Frommen sicher, auf diese zu vertrauen ist den
Menschen alleinige Freude.

Wir sind dazu geboren, uns im Gespräch
einander mitzuteilen. Weshalb? Doch nicht bloß,
um Liebesgeschichten vorzulesen, auf Gast-
mählern zu wetteifern oder darüber zu reden,
wie man am besten Geld scheffeln kann. Nein,
die Menschen sollen einander über Gott und die
Pflichten der Ethik unterrichten. Das wechsel-
seitige Gespräch möge in guter Gesinnung
erfolgen, das heißt, es soll eine wirklich
angenehme Auseinandersetzung über diese
grundlegenden Dinge sein.

Wer nicht stark genug ist, geringfügigeren Neigungen zu widerstehen, den werden früher, als er meint, andere, höchst schlimmere, unterjochen.

Weintrinken mit Maß und ein liebliches Mädchen genießen: Das ist, in Gemeinschaft mit Gottesfurcht, das süßeste Leben.

Im Leben kann überhaupt Treffliches nur geleistet werden, wo wir mit Feuereifer eine Sache ergreifen und uns eine gewisse Leidenschaft mit fortreißt.

Es ist unvermeidlich, dass man das, was man fürchtet, hasst.

Keiner ist in seinem Wesen so verhärtet, dass er nicht schon durch ein gewisses Maß an ernsthafter Beschäftigung mit der Literatur bedeutend geschmeidiger würde.

Umgib dich nicht mit vielen Freunden, selten sind nämlich heute Freimut und Treue und Dank.

Kannst du jemandem mit Geld oder durch Beziehungen helfen, so tu's – aber erwarte ja nicht, dass der, dem du geholfen hast, daran denkt.

Bietet dir ein mächtiger Mann scheinbare Freundschaft an, entfliehe mit Rudern und Segeln zugleich.

Wenn auch die Schärfe menschlichen Denkens
das Wesen der Dinge nicht durchdringen kann, so
will Gott doch, dass wir Menschen es betrachten,
damit wir darin wahrnehmen, was ihn bezeugt
und wie er ist.

Ich bitte dich, schau dein Leben an und erkenne –
soweit es dir möglich ist – aus den Früchten die
gegenwärtige Unreinheit deines Herzens! Bist du
nicht deshalb um Unterhalt, guten Ruf, Leben,
Kinder, Ehepartner ängstlich besorgt, weil du
Gott zu wenig vertraust, weil du die Größe der
göttlichen Barmherzigkeit nicht erwägst? Fällst
du nicht deshalb immer wieder in andere Sünden,
weil du an der Gnade, an der Barmherzigkeit
Gottes gegen dich verzweifelst?

Wenn das Herz Gott so kennt, welche große Gnade er uns gezeigt hat, so weiß es, dass es umgekehrt Dankbarkeit an denen erweisen soll, die Gott uns zu lieben und zu dienen befohlen hat. Nun hat Gott gesagt: »Du sollst deinen Nächsten lieben wie dich selbst.« »Du sollst nicht töten, nicht Unkeuschheit treiben, nicht stehlen ...« Daher hat ein christliches Herz Lust, Gott in diesen Stücken zu folgen. Es dient dem Nächsten, es ist freundlich zu ihm, es beweist Zucht und Keuschheit, es hilft ihm, seinen Besitz zu bewahren.

Auch wenn wir uns in diesem Leben eine Weile in schwerer Trübsal befinden, wollen wir uns doch über diese übergroße Wohltat freuen, dass Gott vertraut mit uns spricht und mit vielen großen Wundertaten bezeugt, dass er diejenigen, welche ihre Zuflucht bei dem Sohn suchen, in Wahrheit aufnehmen, erhören und mit ewigen Gütern beschenken werde.

Es ist ganz gewiss, dass unsere Gebete und
Seufzer erhört werden.

Gewaltig sind die Nachstellungen des Teufels,
der das Menschengeschlecht zu entzweien
versucht. Heftig ist die Raserei der teuflischen
Mächte, die aus Hass auf Gott ihre Wut gegen
die schwache Natur des Menschen richten.
Seid deshalb über alle Maßen wachsam!

Im Alter hört die Sehnsucht nach der verlorenen Gattin nicht auf wie bei den Jungen, die sich in immer neue Liebesabenteuer stürzen. Täglich, wenn ich meine Enkel und Enkelinnen sehe, denke ich nicht ohne Seufzen an ihre Großmutter. Der Schmerz bricht wieder auf, wenn ich daran denke, dass ich, meine Familie und die Enkel ihrer beraubt sind. Denn meine Frau sorgte für die gesamte Familie, erzog die Kinder, heilte die Kranken, linderte durch ihre Worte mein Leid und lehrte die kleinen Kinder Gebete. Deshalb vermisse ich sie jetzt in vielen Dingen.

Wenn auch ihm selbst der Übergang in die Akademie des Sohnes Gottes und der Seligen im Himmel höchst willkommen war, so ist mir doch eine tiefe Wunde entstanden.

(zum Tod seines Dieners Johannes)

Du wirst von der Sünde loskommen.
Du wirst von Trübsal befreit
und von der Wut der Theologen.
Du wirst zum Licht gelangen.
Du wirst Gott sehen.
Du wirst den Sohn Gottes schauen.
Du wirst die wunderbaren Geheimnisse erfahren, die du in diesem Leben nicht begreifen konntest, nämlich, warum wir so, wie wir sind, geschaffen wurden und wie die beiden Naturen in Christus miteinander verbunden sind.

(kurz vor seinem Tod notiert)

Du hast in diesem Buch die allgemeinsten Gesichtspunkte der theologischen Wahrheiten, hol Dir ihre genauere Begründung aus der Schrift; wir geben uns damit zufrieden, aufgezeigt zu haben, was du hochhalten sollst. Und ich glaube sogar, dass ich auch gut daran getan habe, diese so großen Dinge bescheidener, als ich's schuldig war, behandelt zu haben, damit ich niemanden durch unseligen Pflichteifer von der Schrift zu meinen eigenen Disputen ablenken würde. Denn ich meine, Menschenkommentare zu heiligen Dingen sind wirklich wie die Pest zu fliehen, weil die Lehre des Geistes lauter und rein nur aus der Heiligen Schrift geschöpft werden kann. Denn wer könnte den Geist Gottes angemessener zur Sprache bringen als er sich selbst?

Texte zitiert nach:

Melanchthons Werke in Auswahl, hg. v. Robert Stupperich,
7 Bände, Gütersloh 1951–1975

Philipp Melanchthon: Loci Communes 1521 Lateinisch-Deutsch,
übersetzt v. Horst Georg Pöhlmann, Gütersloh 1997

Philipp Melanchthon: Glaube und Bildung. Texte zum christlichen Humanismus, hg. v. Günter R. Schmidt, Stuttgart 1989

Michael Beyer u. a. (Hg.): Melanchthon deutsch, 2 Bände,
Leipzig 1997

Hans-Rüdiger Schwab (Hg.): Philipp Melanchthon. Der Lehrer
Deutschlands, München 1997

Weitere Zitate stammen aus Einzelveröffentlichungen und
Forschungsarbeiten. Dem Charakter dieser Zitatensammlung
entsprechend wurde auf einen ausführlichen Anmerkungsapparat bewusst verzichtet.

Bettine Reichelt

Philipp Melanchthon. Weggefährte Luthers und Lehrer Deutschlands

Eine biographische Skizze mit Aussprüchen und Bildern

136 Seiten, Broschur
ISBN 978-3-374-02781-1
EUR 14,80 [D]

Auf manchen Luther-Darstellungen findet sich neben dem Reformator ein kleiner schmächtiger Gelehrtentyp: sein engster Mitarbeiter Philipp Melanchthon. Die Wirkung seiner theologischen und vor allem pädagogischen Arbeit kann kaum überschätzt werden. Er schrieb eine Vielzahl von Lehr- und Schulbüchern zu ganz verschiedenen Themen, war zentral an der Entstehung und Überarbeitung des reformatorischen Schrifttums beteiligt und legte erstmals eine systematische Zusammenfassung der neuen evangelischen Lehre vor. Der nicht zuletzt auf Melanchthon zurückgehende Einfluss des im 16. Jahrhundert blühenden Humanismus auf die entstehenden evangelischen Kirchen ist für die bis heute nachwirkende enge Verbindung von Protestantismus und Bildung verantwortlich.

Beigefügte Zitate aus Briefen, Gedichten und Glaubenstexten runden die biographische Skizze ab.

EVANGELISCHE VERLAGSANSTALT
Leipzig

www.eva-leipzig.de

Martin Luther

Luther kurz & knackig

Seine originellsten Sprüche

56 Seiten mit zahlr. Illustr.,
Hardcover
ISBN 978-3-374-02405-6
EUR 9,80 [D]

Sie meinen, Sie kennen Martin Luther? Den Theologen, den Reformator, den Bibelübersetzer? Aber kennen Sie auch den Familienvater, den Ehemann, den Freund und Vater Martin Luther? Den Luther, der mit spitzer Zunge und scharfem Verstand seine Zeitgenossen und den damaligen Zustand von Kirche und Gesellschaft in den Blick nahm?

Dieses Geschenkbuch vereint die frechsten, tiefsinnigsten, lebenslustigsten und knackigsten Luther-Sprüche – von scharfer Kritik gegen den Papst bis hin zu deftigen Aussprüchen über das Feiern oder die Liebe.

Eine wahre Fundgrube und das ideale Geschenk für alle Luther-Freunde und für die, die es noch werden wollen.

EVANGELISCHE VERLAGSANSTALT
Leipzig

www.eva-leipzig.de

Bettine Reichelt (Hrsg.)

Gebete und Sprüche Martin Luthers

Mit Illustrationen von Grit Zielinski

56 Seiten mit Illustrationen, Hardcover
ISBN 978-3-374-02650-0
EUR 6,80 [D]

Wenn du einmal in deinem Leben in eine schwierige Lage kommst, dann erst wirst du erfahren, dass du sie auch meistern kannst.

Herr, ich bin ein fauler Esel, darum komme ich, dass du mir hilfst und mein Herz entzündest.

Diese Gedanken stammen von keinem Geringeren als Martin Luther. Nie ist er zimperlich, aber immer ehrlich und herzlich. Da er sich über fast alles seine Gedanken macht, umfasst dieser Band Gebete und Sprüche über so vielfältige Themen wie die Liebe und die Ehe, den Reichtum, die Freude, den Tod, die Musik und natürlich das Leben im Allgemeinen.

Dieser liebevoll gestaltete Band ist das ideale Geschenk für alle Lutherfreunde, die an der Lebensweisheit des großen Reformators teilhaben und möchten.

Manfred Wolf

Luther mal ganz anders

324 Seiten, Paperback
ISBN 978-3-374-02714-9
EUR 12,80 [D]

Geheimrat Goethe meinte: „Wer's nicht besser machen kann, macht's wenigstens anders!" Herausgekommen ist mit diesem Buch kein anderer Luther, aber *Luther mal ganz anders:* als anekdotischer, fabelhafter, lebensweiser, legendärer, poetischer, postalischer, rätselhafter, sprichwörtlicher Martinus Lutherus.

Zudem begibt sich der Autor auf eine Zeitreise über ein halbes Jahrtausend und unterhält sich mit dem Reformator in Wittenberg unter 52 Stichworten über Gott und die Welt oder befragt ihn im heutigen Thüringen über aktuelle Themen. Außerdem erfährt der Zeitreisende die Meinung 30 großer Deutscher über Martin Luther – von Melanchthon über Lessing und Marx bis hin zu Nietzsche und Thomas Mann.

Alle Antworten sind authentisch und die Quellen belegt.

EVANGELISCHE VERLAGSANSTALT
Leipzig

www.eva-leipzig.de